오늘도 참 괜찮은 하루였어

# 오늘도 참 괜찮은 하루였어
나와 당신의 사계절 속 숨겨진 행복 찾기

초 판 1쇄 2025년 12월 10일

지은이 김하얀
펴낸이 류종렬

펴낸곳 미다스북스
본부장 임종익
편집장 이다경, 김가영
디자인 임인영, 윤가희
책임진행 이예나, 김요섭, 안채원, 김은진, 국소리

등록 2001년 3월 21일 제2001-000040호
주소 서울시 마포구 양화로 133 서교타워 711호
전화 02) 322-7802~3
팩스 02) 6007-1845
블로그 http://blog.naver.com/midasbooks
전자주소 midasbooks@hanmail.net
페이스북 https://www.facebook.com/midasbooks425
인스타그램 https://www.instagram.com/midasbooks

© 김하얀, 미다스북스 2025, *Printed in Korea*.

ISBN 979-11-7355-609-8 03810

값 **18,000원**

※ 파본은 구입하신 서점에서 교환해드립니다.
※ 이 책에 실린 모든 콘텐츠는 미다스북스가 저작권자와의 계약에 따라 발행한 것이므로 인용하시거나 참고하실 경우 반드시 본사의 허락을 받으셔야 합니다.

미다스북스는 다음세대에게 필요한 지혜와 교양을 생각합니다.

나와 당신의 사계절 속 숨겨진 행복 찾기

오늘도 참 괜찮은 하루였어

♦

김하얀 지음

미다스북스

008   프롤로그

Part 1
봄은 행복을 발견하는 계절이에요

015   다시, 봄
018   느슨하고 편한 옷 입기
022   늦잠으로 시작하기
024   건강한 요리 즐기기
027   봄날 오후, 벚꽃, 고양이
030   청소하는 날
032   긍정적인 단어 떠올리기
035   여유로운 하루 보내기
038   크루아상 한입 베어 물기
041   시를 읽으며 나와 만나기
044   씨앗 한 알을 숨겨요
047   18도의 인생
050   두근두근 데이트
053   부산행 기차
056   내 방을 아지트로 만들기
058   걷고 뛰며 춤추기
060   악기로 치유의 시간 갖기
063   빗소리 들으며 차 한잔하기
066   봄날의 출근길
068   봄밤, 꽃 구경하기

Part 2
여름의 행복했던 순간을 기억해요

073 여름을 좋아하는 이유
075 개울가에 발 담그기
078 구름 떼 쫓기
081 작은 정원 가꾸기
085 좋아하는 연예인 만들기
088 찬란한 여름 하늘, 그날의 바다
091 주말 아침이면 들려오는
094 익숙한 옷을 리폼해요
096 아침엔 해외여행
099 장마철 일탈
102 가게 아주머니의 코 고는 소리
105 강아지 코 고는 소리
108 금요일 밤은 카페에서
111 한줄기 소나기가 내리고
114 혼자만의 시간
117 찹쌀 꽈배기
120 좋아하는 소리

Part 3
가을만의 행복이 있어요

127 가을의 시작

130 자전거 타기
133 따뜻한 말 한마디
136 향긋한 비누에 손 씻기
138 서점 1: 뜻밖의 안식처
141 낮잠을 자요
144 서점 2: 뜻밖의 친구들
147 이른 새벽, 나만 아는 가을 풍경
150 한 정거장 걷기
153 햇살 좋은 날 빨래 널기
156 엄청나게 귀여운 동물 만나기
158 초등학교 운동장에 가요
161 작고 사랑스러운 오솔길
164 친구와 티타임
166 우연히 마주친 음악
169 가을밤, 아늑하고 평화로운

Part 4
겨울에는 언제나 행복해요

175 겨울밤엔 이불 속으로
177 해가 지면
180 버릴 것은 버리기
182 첫눈 매직
185 큰 걱정 없는 날
187 달리다 보면

191 추운 겨울, 붕어빵
194 명상으로 편안함에 이르기
198 소중하다는 것을 알려주기
200 튀김 먹기
203 크리스마스 파티
206 아무것도 하기 싫다면 오디오북
209 버스 타고 동네 한 바퀴
212 주고받는 기쁨
214 작은 여행을 떠나요
218 한 해의 마무리는 공연장에서
221 지금 해야 하는 일을 하지 않아도 된다면
224 아름다운 것들 바라보기
227 하루의 끝자락에 글쓰기

231 에필로그

프롤로그

행복하지 않은 날이면 스스로에게 되뇌었습니다.
오늘이 가장 행복한 날!

마법의 주문처럼 크게 한 번 외치고
나의 하루는 행복하다고 정하니
매일 걷는 길,
늘 마주치는 사람들,
변함없이 그 자리에 있던 풍경들이 새롭게 보였습니다.

내가 미처 발견하지 못했을 뿐
세상은 이미 행복이라는 보물로 가득하다는 것을
매일 조금씩 내가 행복해지는 순간을 찾아내며 깨달을 수 있었습니다.

아무리 괴로운 날이라도
주변을 잘 둘러보면 행복한 일 하나쯤은 반드시 있어요.

그러니 지금까지의 기분은 내려놓고
이제부터는 행복해지는 데 집중해 보아요.

혹시라도 걱정할 필요는 없어요.
행복한 날에는 반드시 행복한 일이 있으니까요.

우리, 오늘 가장 나다운 모습으로 행복해져요.

당신의 행복을 온 마음으로 응원합니다!

— 김하얀 드림

오늘도 참 괜찮은 하루였어

- 문구를 따라 쓰며 행복한 하루 되세요.

	오	늘	도		참		괜
찮	은		하	루	였	어	

"행복은 목표가 아니라 현재의 선택이에요.
지금 이 순간 당신이 행복하기로 선택한다면
당신은 얼마든지 행복할 수 있어요."

프랑수아 를로르, 『꾸뻬 씨의 행복 여행』 중

Part 1

✦

봄은 행복을 발견하는 계절이에요

저녁때
돌아갈 집이 있다는 것

힘들 때
마음속으로 생각할 사람이 있다는 것

외로울 때
혼자 부를 노래가 있다는 것

나태주, 「행복」

다시, 봄

드디어 봄입니다.
초록색 새싹이 돋아났어요.

얼마 지나지 않아
꽃이 피어날 것입니다.
빨주노초파남보 무지개색의
화사하고 멋진 풍경이 되겠지요.

밝은 빛과 활기찬 걸음 소리
포근한 공기와 일렁이는 바람이 있는 계절, 봄에는

새롭게 시작할 결심과
가벼운 마음
설레는 순간들로
내 안이 채워집니다.

겨울을 지나 봄까지 걸어올 수 있었음에
감사합니다.

우리 이 계절을 기억해요.
그리고 오래오래 행복해져요.

당신의 봄을 행복하게 만드는 것은 무엇인가요?
(예: 따뜻한 날씨, 벚꽃 축제, 길어진 낮 등)

느슨하고 편한 옷 입기

오늘은
딱 붙는 옷 말고
약간 헐렁한 옷을 입기로 합니다.

넉넉한 파란색 티셔츠에
리넨으로 만든 통 넓은 바지가 좋겠습니다.

두 팔 휘이휘이 휘저으며
시원한 바람을 동무 삼아 걷다 보면

손끝에 일어나는 바람
그 바람 타고
날아가듯 나아갑니다.
그 속에서 나는 자유를 느끼고
생기를 얻습니다.

길은 끝없이 이어지고
어디로 가든 크게 상관은 없습니다.
이 길을 걷는 동안

내가 사랑하는 것들을
떠올려 볼 계획입니다.

입었을 때 특별히 편안하고 기분 좋아지는 옷이 있나요?

그림으로 그려 보세요.

늦잠으로 시작하기

늦잠을 좋아한다기보다는
충분히 자는 것을 좋아합니다.
대개는 늦잠을 자야 충분히 자는 것이긴 하지만요.

실컷 잔 후에
알람이 아니라 내 의지로 눈을 뜨면
온몸에 가득 들어찬 에너지와
마음속 여유를 만끽할 수 있어요.

그 상태에서
머리부터 발끝까지 기지개를 켜면
기분 좋은 하루가 시작됩니다.

당신이 기분 좋게 푹 자고 일어나는 데 필요한 수면 시간은 몇 시간인가요?

시간(시 ~   시)

숙면을 취하는 방법이에요.

- 잠드는 시간을 정해서 침대에 눕기
- 낮에 충분한 햇빛 받기
- 자기 전에는 핸드폰 대신 책을 읽기
- 반신욕하고 따뜻한 물 한 모금 마시기
- 온열 수면 안대 착용하기
- 베개에 아로마 오일을 살짝 뿌리기
- 맨발 걷기
- 삶은 호박 먹기

건강한 요리 즐기기

처음엔 몰랐는데
채소를 손질할 때나
야채 요리를 먹을 때면
기분이 좋아지는 것을 느낍니다.

싱싱한 상추 잎을 씻은 후
달콤한 양파 볶음을 준비하고
간장에 졸인 감자와
압도적으로 붉은 토마토
그리고 구수한 현미밥과 된장국을 식탁 위에 올립니다.

귀하게 여기며 한 입씩 떠먹을 때면
재료들의 생생한 식감과 따뜻함이 더 잘 느껴집니다.

자극적인 소스나 강렬한 맛은 없지만
깔끔하면서도 부드러운 맛입니다.

식사를 한 후
나를 위해 올바른 일을 했다는 뿌듯함과

소박한 음식으로 편안해진 몸이
오래도록 만족감을 줍니다.

맛과 건강을 모두 잡은 "지중해식 생선 요리" 레시피예요.

1. 손질된 흰살생선(대구, 가자미 등)을 준비합니다.
2. 생선 위에 다진 마늘, 소금, 후추, 올리브유, 허브류를 적당히 뿌립니다.
3. 생선을 찜기(또는 에어프라이어)에 넣고 약 20분간 익힙니다.
4. 와사비와 간장을 섞은 소스 또는 토마토소스에 찍어 먹습니다.

자연을 담은 건강 레시피를 확인하고 싶은 분들께 추천하는 책이에요.

- 『어니코치의 자연식물식』, 『맛있는 지중해식 레시피』, 『제철 채소로 차린 사계절 식탁』

봄날 오후, 벚꽃, 고양이

어느 볕 좋은 봄날 오후
거리에는 벚꽃이 가득했어요.
오래도록 기억에 남을 만큼
눈부신 모습이었어요.

꽃잎이 떨어진 곳은
황홀한 꽃길이 되고
꽃길을 걷는 사람들은
부드러운 표정을 지었어요.

그런데 난데없이 웬 고양이 한 마리가
벚꽃 나무 아래에 툭, 하고 나타난 거예요.
봄의 풍경에 자신도 끼어들고 싶었던 걸까요?

고양이는 말없이 나무 둥지에 웅크리고 앉더니
야무지게 고개를 들고 꽃비가 내리는 광경을 바라보았어요.

사람들의 시선이 고양이에게 한 번,
벚꽃 나무에 한 번 닿았을 때

고양이도 꽃비를 한 번,
사람들을 한 번씩 바라보았지요.

서로는 서로에게서 무엇을 느꼈을까요?
아마도 봄이었지 싶어요.

그렇게 모두는
활짝 핀 벚꽃 나무 아래에서
오래도록 행복하게 머물렀답니다.

최근 당신의 걸음을 멈추게 만든 특별한 순간이 있나요?
어디선가 툭, 튀어나온 귀여운 고양이처럼요.

벚꽃 구경하기 좋은 장소예요.

- 성수 서울숲, 송파 올림픽공원, 분당 중앙공원, 일산 호수공원, 용인 기흥 호수공원, 동탄 호수공원, 양주 옥정 호수공원, 아차산 생태공원 어울림 정원

청소하는 날

작은 움직임은
나를 기분 좋게 합니다.

버리고
닦고
채우는 사이
땀줄기가 흐르고 개운해져요.

미뤄왔던 일을
해치웠다는 후련함
해냈다는 작은 기쁨

아늑하고 눈부신 공간은 덤이지요.

간단하면서도 기분이 좋아지는 청소를 해요.

목록	완료 여부
신발장 정리	☐
키보드 덮개 빨기	☐
책상 서랍 한 칸 정리	☐
냉장고 한 칸 청소	☐
오래된 식재료 처리	☐
유리창 닦기	☐
베갯잇 교체	☐
머리빗 세척	☐
가방 속 정리	☐
베란다 바닥 물청소	☐
	☐
	☐
	☐

긍정적인 단어 떠올리기

분주하고 고되었으며 막막한 하루였습니다.
보통의 하루라도 되었다면 좋았을 텐데 말이에요.

이런 하루가 찾아오면
좋아하는 단어를 떠올리기로 스스로와 약속한 적이 있어요.

행복하다 기쁘다 사랑스럽다
예쁘다 달콤하다 맛있다
개운하다 신난다 즐겁다 평화롭다

처음에는 아무 생각 없이 나열하지만
계속 떠올리다 보니 단어에 집중하게 되더라고요.
그러다 보면 점차 기분이 나아져요.

유쾌하다 부드럽다 포근하다
아름답다 생기있다 솔직하다
든든하다 감격하다 희망차다

나의 하루가
긍정의 기운을 받길 바라며
스스로에게 들려주고 싶은 단어를 찾아보세요.
분명 좋은 변화가 있을 거예요.

당신을 위한 긍정 단어를 적어 보세요.

> **예시**
>
> 홀가분하다　　　　　　　　　　　우아하다
> 　　　만족하다　　편안하다
> 화사하다
> 　　　반짝이다　　　　나누다
> 　　　　　　　　　　　　　　감동하다
> 소중하다　　　포근하다
> 　　　부드럽다　　　　　따뜻하다
> 　　　　　　　배부르다
> 　　든든하다　　　　　　　　감사하다
> 푸르다　　　　　　　　감미롭다
> 　　　　　향기롭다

여유로운 하루 보내기

새소리가 들립니다.
아침이 밝았군요.

천천히 몸을 일으켜
따사로운 햇살을 느껴 봅니다.

아무런 걱정도 없고
아무런 일도 일어나지 않은
평화로운 하루가 시작되었습니다.

헐레벌떡 씻고
식사하는 둥 마는 둥
급하게 출근할 필요가 없습니다.
오늘은 주말이니까요.

모처럼 가족들과 아침 인사를 나누며
여유 있게 식사를 마치고
식사 후에는 커피 한 잔 들고
음악을 틀어봅니다.

비틀스도, 모차르트도, BTS도, 재즈도, 탱고도
어떤 음악이라도 좋아요.
그저 움직이고 싶어지는 곡을 틀어봅니다.

오늘 하루, 무엇을 하며 보낼까 생각해 보니
뭔가 대단한 일보다는
청소나 요리나 운동이면 좋을 것 같습니다.
마음이 편안하니 어렵게 느껴지는 일이 없습니다.

주말의 당신을 행복하게 만들어줄 일을 적어 볼까요?

예시

- 밀린 드라마 보기
- 아이크림 정성껏 바르기
- 미용실 가기
- 서점에서 책 사기
- 토요일 밤에 심야 영화 보기
- 악기 연주하기
- 목적지 없이 버스 타기

- 허리 아플 때까지 늦잠 자기
- 낯선 커피숍 들어가기
- 시장 구경하기
- 무작정 걷기
- 길거리에서 맛있는 음식 사 먹기
- 베란다에서 멍 때리며 햇볕 쬐기
- 소시지 구워 먹기

크루아상 한입 베어 물기

노릇노릇한 캐러멜색으로
따끈하게 잘 구워진 크루아상

그 편안한 빛깔과 달콤하고 짭짤한 냄새에
나는 걸음을 멈췄습니다.

아주 단순하게

예뻐 보이는 크루아상을 골라
크게 한입 베어 물었습니다.

바사삭, 하고 시원하게 부서지는 소리
그 안의 쫄깃하고 고소한 풍미

내 마음속 깊은 곳이 말캉해지며
부드러워지는 게 느껴졌습니다.

당신이 가장 좋아하는 빵은 무엇인가요?
그 빵을 먹을 때 어떤 기분이 드나요?

- 좋아하는 빵을 이곳에 그려 보는 것도 좋아요.

오늘도 참 괜찮은 하루였어

시를 읽으며 나와 만나기

내가 오롯이 나 자신이 되는 때는
시를 읽는 순간입니다.

맑고 아름다운 시어가
나에게 오는 순간
그 시어 하나를 따라 시 한 줄에 이르기 위해

서로 흩어져 있던 나의 영혼과 마음과 몸이
한 공간에 모입니다.
비로소 내가 온전해집니다.

한 편의 시는
비장한 인생과 가벼운 일상 사이에서
균형을 잡아주고
마음을 달래주고
굳세게 해줍니다.
나 자신을 돌아보게 합니다.
주변을 낯설게 바라보게 합니다.

시집을 읽고 나면
시간이 아득해지고
공간은 근사해지면서
좀 더 나은 내가 되어 있습니다.

그러므로 오늘도 시를 읽습니다.
시어를 따라가는 동안 나의 불안과 우울은 사라지고
시 한 줄은 내 인생을 다시 궤도에 올려놓아 줍니다.
그렇게 나는 진짜의 나를 만나게 됩니다.

인생 시집을 소개해 드려요.

- 윤동주 시인, 『하늘과 바람과 별과 시』
- 나태주, 용혜원, 이정하 시인, 『너무 멀리까지는 가지 말아라, 사랑아』
- 김용택 시인, 『어쩌면 별들이 너의 슬픔을 가져갈지도 몰라』
- 신현림 시인, 『사랑은 시처럼 온다』
- 이원하 시인, 『제주에서 혼자 살고 술은 약해요』
- 나태주 시인, 『꽃을 보듯 너를 본다』
- 류시화 시인, 『지금 알고 있는 걸 그때도 알았더라면』

씨앗 한 알을 숨겨요

화분 속 흙더미에
씨앗 한 알 숨겨두었어요.

쏴아-
물 뿌리자

아이가 엄마 젖 먹듯
쪼옥-하고
물 받아먹는 소리가 났어요.

싱그러운 흙냄새가 공기 중으로 떠오르고
그 풋풋한 흙내음에 마음이 편안해져요.

싹이 움틀 순간을 기대해요.
어떤 꽃봉오리가 올라올까요.
활짝 핀 꽃잎은 얼마나 아름다울까요.

내 마음은 이미 꽃밭이에요.
빨간색, 노란색 튤립 한 다발 이미 멋지게 피워냈어요.

화초 키우기의 장점이에요.

- 식물에 집중하는 동안 잡념이 사라져요.
- 긍정적인 생각을 하게 돼요.
- 자라나는 과정에서 생명의 신비로움을 깨닫게 돼요.
- 볼수록 애틋함이 더해져요, 친구이자 자식 같아요.
- 마음을 다스리게 돼요, 치유가 돼요.

우리, 새싹을 돌보듯 나를 돌보는 사람이 되어요!

18도의 인생

어느 봄날
반짝이는 햇살에
기온은 18도

덥지도 춥지도 않은
포근한 날이었어요.

마음은 설레고
몸은 가볍고
눈길이 닿는 곳마다 초록 나무
바람이 불 때마다
초록빛 파도가 넘실거리는데

아,
싱그럽고 맑은 18도의 인생이란!
저절로 평온해지고 미소가 지어지는 인생이 아닐까 싶어요.
이런 날이 매일 이어진다면 얼마나 좋을까요?
끊임없이 휴가가 이어지는 기분일까요?

상상하는 것만으로도
행복한 기분이 들어
온 마음이 환해졌어요.

오늘 만나는 사람에게
18도의 온기를 전해주겠다고 다짐했어요.

다음은 1년 내내 따뜻한 나라예요. 가보고 싶은 나라가 있나요?

> **예시**
>
> 오키나와   그리스(아테네, 산토리니 등)
> 괌   스페인(안달루시아, 바르셀로나 등)
> 하와이   멕시코(칸쿤 등)
> 프랑스 남부(니스, 마르세유 등)   호주(케언스 등)
> 이탈리아 남부(나폴리, 시칠리아 등)   미국(캘리포니아, 플로리다 등)

당신이 언젠가 가게 될 그 나라를 지도에 표시해 보세요.

두근두근 데이트

맛있는 음식
묘한 분위기
시선을 어디에 둬야 할지
잘 모르는 우리 둘
살짝 스치는 손가락
갑자기 마주친 시선

신나는 음악
시원한 맥주 한 잔
들뜬 기분
얘기할까 말까
시간은 내 속도 모르고 빠르게만 흘러

돌담길을 밝히는 은은한 조명 따라
걷고 또 걷다가
문득 추위를 느낄 때 내 주머니 속으로 들어온 손
얼굴이 붉어지다

정류장에 버스가 도착했지만
너는 나를 보내지 않았고
나는 너를 떠나지 않았고

조금 더 걷자고 한 것은
같이 있고 싶다는 뜻이었어요.
좋아한다는 뜻이었어요.

가장 최근에 당신이 설렘을 느낀 순간은 언제인가요?

부산행 기차

익숙한 곳을 떠나 낯선 곳에 닿을 생각에
한참 전부터 마음이 들떠 있었습니다.

서울역에 도착하자마자
햄 치즈 샌드위치와 커피를 사서
승강장으로 향했습니다.

기차역 전광판에 보이는 '부산행'을 확인하고
승강장 번호를 따라 천천히 걸어갑니다.

걸어가는 동안
여행지에서 벌어질 즐거운 일들을 상상하니
기차에 올라탈 때쯤
나는 이미 영화 속 주인공이 되어 있습니다.

햇살이 잘 드는 창가에 앉아
음악을 들을지, 책을 볼지, 샌드위치를 먹을지, 커피를 마실지
고민에 빠진 사이
열차가 힘차게 출발합니다.

풍경 속으로 달려나가는 속도감은 나를 신나게 하고
기차 안의 아늑한 분위기는 나를 너그럽게 만듭니다.
이 시간이 무한히 이어지면 좋겠습니다.

아무것도 하지 않을 자유
하염없이 바라볼 여유
그저 초록 숲
그저 커다란 산
그런 낯선 풍경에 빠져 있다 보니
행복이란 이런 거구나 싶었습니다.

계절별로 기차 여행하기 좋은 곳이에요.

- 봄: 구례 산수유축제, 광양 매화마을
- 여름: 포항 호미곶, 담양 죽녹원과 소쇄원, 경주 야간문화유적지, 충주 활옥동굴
- 가을: 순천만 갈대밭, 설악산
- 겨울: 보성 녹차밭, 강릉 순긋해변

지금 바로 떠나고 싶은 곳이 있나요?

그곳에 도착하면 무엇을 하고 싶나요?

- 장소:
....
- 이동 수단:
....
- 소요 시간:
....
- 주요 일정:
....
....
....
....
....

내 방을 아지트로 만들기

청소와 인테리어는
완전히 다른 개념이라고 생각합니다.

청소는 내 마음속 답답한 부분을 뚫어주는 상쾌한 느낌이라면
인테리어는 좀 더 세심하고 다정한 느낌이랄까요.

작은 식물 하나
감성적인 조명 하나
시야를 트여주는 그림 하나 걸어보는 인테리어로
나만이 아는 아지트가 완성되면
그날 밤 이불 속이 유난히 포근합니다.

인테리어에 도움이 되는 잡지예요.

- 리빙센스
- 행복이 가득한 집
- Ideal Home UK(영국 실내 인테리어 소품)
- Garden & Garden(일본 가든 인테리어)
- Veranda USA(미국 주택 인테리어)
- Frame(네덜란드 실내 건축 인테리어)
- CASA Chic(이탈리아 소품, 가구 인테리어)

걷고 뛰며 춤추기

자유롭게 움직여보아요.
여기로 저기로

느리게 움직였다가
빠르게 돌기도 하고

아름다운 동작을 했다가
우스운 동작도 해 보고

비련의 여주인공처럼 슬픈 표정을 짓다가
더할 나위 없이 자신만만한 표정으로
입꼬리를 올려보세요.

호흡이 빨라지고
어느새 땀으로 범벅되면
몸은 가볍고
마음은 더 가벼워져 있어요.

쌓여 있던 감정들이 스르륵 풀어 헤쳐져요.
(더 자유롭게 더 즐겁게 움직여봅시다. 내일도 모레도!)

춤은 몸뿐만 아니라 마음의 근육도 키워 주는 것 같아요.
좋아하는 움직임을 찾아 신나게 움직여보세요!

> **예시**
>
> - K-Pop을 들으며 강렬한 막춤 추기
> - 한국 무용의 자연스럽고 부드러운 움직임과 감정 표현하기
> - 꼿꼿하고 우아한 발레 동작 따라 하기
> - 여유로운 왈츠, 정열적인 탱고를 번갈아 추기
> - 인도 영화를 틀어놓고 발리우드 댄스 타임 갖기
> - 빠르고 경쾌한 탭댄스로 리듬 느끼기

악기로 치유의 시간 갖기

피아노 치는 것을 좋아합니다.

30분에서 한 시간 정도
길지 않은 시간이지만

마음에 온기를 불어넣고
눈물을 그치게 하고
영혼이 눈 뜨게 하는 데
충분한 시간입니다.

수많은 작곡가가 오래전 남겨 둔 악보에는
카타르시스부터 종말, 회복까지 모든 게 담겨 있었습니다.

리듬과 쉼표와 음률을 따라가면
슬픈 시간도, 기쁜 순간도
결국 시작과 끝이 있다는 걸 알게 됩니다.

나의 볼품없는 연주로
그들이 의도한 세상을 읽습니다.

그들이 열어놓은 시간과 장소에서
나는 치유됨을 느낍니다.

다시 나에게 다정해집니다.

당신의 마음을 표현하고 감정을 해소할 수 있는 악기가 있나요? 당신만의 소울 악기에 표시해 보세요.(또는 연주해 보고 싶은 악기를 골라 보세요)
(예: 피아노, 바이올린, 비올라, 첼로, 기타, 플롯, 칼림바, 리코더, 우쿨렐레, 난타 북, 드럼, 장구, 클라리넷, 색소폰, 가야금, 거문고, 아쟁, 하모니카, 오카리나)

- 좋아하는 악기를 그림으로 그려도 좋아요.

빗소리 들으며 차 한잔하기

비 내리는 오후
카페에서
민트티를 마셨습니다.
다소 추웠지만 공기는 쾌적했습니다.

카페는 사람들로 북적였고
사람들 사이에는 커피 향이 가득했습니다.

그 사람은 아직 오지 않았기에
혼자 멍하니 창밖을 구경했습니다.

창문 밖에는 7~8미터쯤 되는
자작나무가 있었습니다.
아득한 높이라 한참을 올려다보았습니다.

곧게 뻗은 가지마다
싱그러운 초록색 잎사귀가 가득했습니다.
잎사귀 위에 맺혀 있는 빗방울이
유리창에 토도독, 툭툭, 후두둑, 하고 떨어질 때마다

맑고 단아한 소리가 났습니다.

창문을 두드리는 빗방울과 오래도록 마주하니
비와 나 사이에
서로 속삭이는 기분이랄까요.
오랜 친구가 된 느낌이랄까요.

여전히 비는 세차게 내리고
그 사람은 오지 않았지만
마음만은 고요하고 평화로웠습니다.

자연을 느낄 수 있는 카페예요.

- 강남: 알베르
- 양주: 오랑주리
- 가평: 의미있는
- 파주: 문지리 535
- 송도: 포레스트 아웃팅스
- 판교: 헬로 오드리, 플랜트 오드
- 수지: ghgm 식물원 카페
- 과천: 마이알레
- 춘천: 그린 그라스 스무숲길점
- 용인: 테라스 478
- 오포: 스멜츠

당신만의 힐링 카페가 있다면 알려주세요.

....

....

....

....

....

봄날의 출근길

엄마가 차려준 밥 한 그릇
옷장 속에 잘 정돈된 양말 한 켤레
현관문을 열면 푸르른 봄날의 공기 한가득
그리고 따사로운 햇살 한 줌

길가에는 아침잠을 깨우는 새들의 노래 한 소절
정류장에 제때 도착한 버스 한 대
창밖으로 보이는 분홍 자전거 하나
커다란 가방을 메고 촐랑촐랑 뛰어가는 초등학생 한 무리
신호등 앞에서 아이들을 지켜보는 녹색 어머니회 한 분
동네 문화센터에 붙어 있는 추억의 영화 포스터 한 장

출근길에 마주치는
편안하고 기분 좋은 일상이에요.
온 마음이 따뜻한 에너지로 가득 채워지는 듯해요.

오늘 하루, 출발이 좋아요.

출근길에 마주치는 행복한 순간을 기록하고 모아 보세요.

하루에 5분.
5분만 숨통 트여도 살 만하잖아.
편의점에 갔을 때 내가 문을 열어주면
"고맙습니다." 하는 학생 때문에 7초 설레고,
아침에 눈 떴을 때 '아 오늘 토요일이지.' 10초 설레고.
그렇게 하루 5분만 채워요.
— 드라마 〈나의 해방일지〉 중 염미정의 대사

봄밤, 꽃 구경하기

봄밤
노오란 가로등 아래
백색의 벚꽃나무가 화려하게 빛나고 있었습니다.

어둠 속에 매혹적인 자태로 피어 있는 꽃잎이
향기로운 꽃향기까지 흩뿌리자
어찌나 황홀한지
어찌나 달콤한지

쉬이 지나치지 않으려 조심하며
천천히 기쁘게
발걸음을 옮겼습니다.

여운 가득한 낭만적인 밤을 걷는 동안
톡톡, 하고
내 마음에도 꽃이 피어나는 소리가
들렸습니다.

밤이라서 더 낭만적이고 달콤하게 느껴지는 순간이 있나요?
(예: 밤에 하는 꽃 구경 등)

오늘이 가장 행복한 날!

- 문구를 따라 쓰며 행복한 하루 되세요.

	오	늘	이		가	장	
행	복	한		날	!		

Part 2

✦

여름의 행복했던 순간을 기억해요

인생은 경주가 아니야.
네가 얼마나 의미 있고
행복한 시간을 보냈느냐가
바로 인생의 성공 열쇠란다.

마틴 루터 킹

여름을 좋아하는 이유

뜨거운 여름을
좋아합니다.

마음껏 늘어지던 어린 시절 여름 방학이
떠오르기도 하고요.

시원한 빙수와 수박을 먹을 생각에
신이 나기도 합니다.

조각구름 아래 커다란 그림자가 펼쳐지는 것과
환한 햇살이 방 구석구석에 가닿는 것도
신비롭고 기쁘게 느껴집니다.

매미들이 울어대는 소리에 잠시 멍하니 있는 것도 좋고요.
베란다 커튼이 살랑살랑 흔들릴 때 느껴지는
바람의 존재도 고맙습니다.

이 순간들을 알아챌 수 있어 다행입니다.

여름을 즐기는 당신만의 방법이 있나요?

> **예시**
>
> - 선풍기 앞에서 아이스크림 먹기
> - 시원한 빗소리 ASMR 듣기
> - 밤바람 맞으며 산책하기
> - 에어컨 나오는 서점에서 애정하는 작가의 책 읽기
> - 계곡에서 물장구치기

개울가에 발 담그기

맑고 깨끗한 계곡물
졸졸 흐르는 개울가에
가만히 발 담근 채
뜨거운 여름을 마주합니다.

얼마나 시원한지
얼마나 청량한지

한 김 식혀내고 주변을 돌아보니
사방에 가득한 아이들의 풍덩, 하고 물속에 뛰어드는 소리
밝고 천진난만한 웃음소리가 참 듣기 좋습니다.

커다란 바위틈
돌멩이 하나하나 보일 만큼 투명한 물 사이로
빠르게 헤엄치는 작은 물고기 떼 관찰하며 눈 나들이하다

울창한 나무 그늘 아래
수박 한 덩이 아삭아삭 베어 무니

모두가 다 아는 그 맛
행복한 맛이네요.

여름철 물놀이하러 가기 좋은 곳을 떠올려보세요. 당신만의 특별한 장소가 있나요?

추천 장소

- 문경 선유동계곡, 쌍룡 계곡
- 지리산 산청 대원사 계곡
- 영월 김삿갓 계곡
- 괴산 쌍곡 계곡
- 관악산 과천향교 계곡

구름 떼 쫓기

구름 떼가
두부처럼 몽글몽글 모여서
파란색 도화지를 지나가데요.

먼저 것은 아기 돼지 구름
그다음은 하마 구름
맨 뒤로 코뿔소 구름이 따라갑니다.

손을 뻗어
저 구름 떼
폭신한 솜이불 만들어 덮고
바람 따라 자유롭게 날아다니다
뜨거운 태양 빛에 구름 한 조각 구워 먹어요.
달콤하고 아늑한 맛이데요.

매일 같은 하늘
매일 다른 구름

새로운 이야기 꿈꾸다 보면
평범한 오늘도 동화같이 근사해지데요.

구름을 좋아하세요?

- 구름 사진 공유 커뮤니티: 구름감상협회(https://cloudappreciationsociety.org/)
- 구름을 소재로 한 동화책: 『구름빵』(백희나 작가), 『구름 아이들』(김나연 작가), 『어떤 구름』(종종 작가)

작은 정원 가꾸기

작은 정원에는
많은 식구들이 한데 모여 살아요.

흙더미 위에 예쁘게 모여 있는 조개껍데기
무심한 척 제자리를 지키는 뭉툭한 돌

달팽이도 있고요.
지렁이도 가끔 나와요.

꽃들은
옹기종기 단란하게 모여 앉아
바람에 수다를 실어 보내고

작은 나무들은
허리를 꼿꼿이 편 채로
듬직하게 서 있어요.

정원 구석에 놓인 물뿌리개와 빗자루도 빼놓을 수 없는 식구랍니다.

사이좋은 풍경에
소란스러움은 없고요.
여유와 따스함이 머물고 있어요.
바라만 보아도 흐뭇해져요.

정원에서 키우기 쉬운 식물이에요.

- 바질, 스투키, 스파티필름, 호야, 개운죽, 금전수, 나한송, 산세베리아, 행운목, 아이비, 선인장

- 그림을 예쁜 색으로 채워 보세요.

좋아하는 연예인 만들기

좋아하는 사람이 있다는 건
참 행복한 일이에요.

저는 고백하건대

잘생기고 귀엽고 사랑스러운
BTS 칠 형제와
손석구를
좋아합니다.

그들의 환한 미소
최고의 노력
찬란한 열정을
떠올리면

설레고
기분 좋아지고
그래요.

좋아하는 연예인에 몰입해서 울고 웃다 보면
내 얼굴도 따라 울고 웃으며 잠시 일상을 잊어버립니다.
한편으론 삶의 활력소도 되고
가끔은 함께 성장하는 것처럼 성취감이 느껴져서
어떤 어려움도 이겨낼 수 있을 것 같은 용기가 생겨요.

이른바 덕질하는 행복입니다.
(가끔 과몰입하는 게 문제지만요)

좋아하는 연예인이 있나요?
팬으로서 전하고 싶은 말을 써보세요.

BTS 동생들! 석구 씨! 많이 많이 좋아해요. (발그레)

찬란한 여름 하늘, 그날의 바다

파라솔 밑에 숨어도
선글라스 안에 숨어도
모래사장 속에 숨어도

여지없이 찬란하게 빛나는 파란 하늘과
시원하고 멋진 코발트블루색 바다를 바라보며
여름 휴가를 보내는 중입니다.

하늘부터 땅까지 저토록 아름다운 색은
어떻게 만들어진 걸까요?
그런 생각을 골똘히 하다가
선크림이 지워지지 않았는지 팔을 한 번 만져보고
간식은 충분히 먹었는지 배를 한 번 쓰다듬어 보면서
철썩철썩, 다가왔다 멀어지는 파도 소리에 잠시 눈을 감아보니

바다에 왔으면 발이라도 담가야지 하는 생각에
촐랑촐랑 바닷속으로 걸어 들어갔다가
단숨에 겁을 집어먹고 튜브를 가지러 옵니다.

튜브를 타고 물 위에 떠 있으니
스트레스는 저 멀리 새들처럼 날아가고
발에 감기는 해파리에는 독이 없길 바라는 사이

해가 뉘엿뉘엿 지며 분홍빛으로 변하기 시작했습니다.
서둘러 찰칵, 하고 서로의 사진을 찍으며 추억을 남깁니다.
나중에 사진을 꺼내 보면 틀림없이 생생하게 떠오를 거예요.
오늘의 우리가 얼마나 반짝였는지 말이에요.

여름 바다와 관련된 행복한 추억이 있다면 적어 보세요.
또는 당신만의 특별한 여름휴가 계획을 세워보세요.

- 여름 바다를 마주하고 있다고 상상하며 그림에 색을 채워 보세요.

주말 아침이면 들려오는

눈을 떴는데
아직 일어나지 않아도 괜찮았어요.
일요일이거든요.

조금 더 자려고 했지만
얼굴에 와닿는 햇살이 간질거려
그냥 기분 좋은 상태로 깨어 있었어요.

그런데 가만히 귀를 기울이니
문밖에서 재미있는 소리가 들려오더라고요.

주전자에서 물 끓는 소리
도마 위에서 통통 칼질하는 소리
식구들이 도란도란 떠드는 소리

생각보다 소란스럽고
뜻밖에도 웃긴 얘기들이 많아서
나도 가서 한마디 해야 하는데
끼어들고는 싶은데

움직이기는 귀찮고
정신은 점점 말똥해집니다.

그런 저 자신이 우스꽝스럽고
사이좋게 대화하는 가족들이 사랑스러워서
그대로 잠시 이 순간을 즐겼어요.

여유롭게 흘러가는 시간 속에서 발견한 것은
소중한 순간을 알아챌 수 있는 감사함이었습니다.

아침에 눈을 떴을 때 당신을 행복하게 만드는 소소한 순간이 있나요?

익숙한 옷을 리폼해요

어느새 유행이 지났대요.
하지만 오랜 시간을 함께한 옷인걸요.
세련되지는 않았지만
익숙함과 편안함이 있어요.
반려 옷인 셈이에요.

버리고 비우는 미니멀리즘도 좋지만
살릴 건 살리는 리폼도 좋다고 생각해요.

리폼은
다시 쓰임을 찾아 살리는 것이니
낡고 해진 것은 잘라내고
튼튼한 부분은 남겨서
귀여운 단추라도 달면 색다른 매력이 더해져요.

헌옷이 새로워지면
한껏 사치를 부린 기분이 들어요.
작은 것이지만 해냈다는 만족감이 들어요.
소중한 반려 옷을 곁에 둘 수 있어 기뻐져요.

리폼 가게 이용 후기

퇴근길에 집 근처의 리폼 가게를 찾아갔어요.
색색의 실타래와 온갖 종류의 장식이 걸려 있는 작업실에는
오른팔에 바늘꽂이를 두른 분이 조용히 작업하고 계셨어요.
다가가 물으니 어떻게 리폼을 하면 좋을지 자신 있게 조언해
주시더라고요.
전문가와 예술가의 느낌이 공존하는 분위기랄까요?

약속된 날까지 기다리는 동안의 설렘이 좋았어요.
어떤 모습일지 상상하는 게 좋았답니다.

아침엔 해외여행

월요일 아침
수많은 사람이 버스를 기다려요.
다들 어디로 가는 걸까요?

나는 영국으로 가요.
단출한 가방 하나
설레는 마음 가득 싣고 말이에요.

집을 나설 때
무거웠던 마음은 온데간데없이 사라지고
기쁨만 가득해요.

그래요, 나는 떠나요.

영국은 피시앤칩스가 유명하죠.
나는 비틀스를 좋아해요.
시계탑에 올라갈 수 있을까요?
해리포터를 만나고 싶어요.

도로에는 영국제 피아제 자동차가 대부분이겠지만
현대나 기아차를 만난다면 뿌듯할 것 같아요.
삼성 광고판 아래에서 사진을 찍을 거예요.

따뜻한 영국 아주머니
젠틀한 영국 아저씨랑
어설프지만 영어로 인사해볼래요.
하이, 해브어 굿데이!

시계를 보니 월요일 아침 8시 30분
사무실까지는 15분 남았어요.
내 마음은 아직 영국이에요.
내 기분은 아마 온종일 영국일 거예요.

아침 출근길, 버스를 타러 가는 길에 해외로 여행 가는 상상을 해보았어요. 모든 것을 여행길에서 만난 것처럼 상상하는 거예요. 출근길 직장인들은 여행객들로, 늘 가던 길은 낯설고 새로운 길이라고 말이에요.

장마철 일탈

후덥지근하고 습한 계절
장마철이 찾아왔습니다.

비가 올 듯 말 듯
하루 종일 뚱폼만 잡고
바람은 전부 어디로 가버렸는지

제습기를 틀고
에어컨을 가동하고
텔레비전도 보지만

영 기분이 나아지지 않을 때

배꼽티를 입어보아요.
레몬 향 비누를 사 보아요.
수박에 빙수에 아메리카노를 배달시켜요.
막걸리에 파전을 즐겨 보아요.
초록초록한 식물을 바라봐요.
추리소설, 만화책을 빌려요.

머리를 하러 가요.

장마철에도 우리 행복해져요.
스스로 행복해져요.

다음은 법정 스님의 말이에요. "더위에 지지 않고 이기려면 그 더위를 피하는 게 능사가 아닙니다. 그 더위 속에 뛰어들어야 합니다. 더위 자체가 되어서 일에 몰입하게 되면 더위가 미칠 수가 없습니다."

여러분, 더위에 뛰어들 준비 되셨나요?

장마철에 해보고 싶은 작은 일탈을 적어 보세요.

가게 아주머니의 코 고는 소리

우산을 두고 와서 가지러 간다고 했습니다.
주인아주머니는 언제든 오라고 했습니다.

문을 열고 고개를 쑥 내미니 아무도 없습니다.

계신가요?

그때 들려오는
주인아주머니 코 고는 소리

오후 2시
빗소리를 자장가 삼아 주무시는
아주머니의 모습이 보입니다.

왜인지
무척이나 인간적이고
유쾌하다는 기분이 들었습니다.

빗줄기, 코 고는 소리, 시간이 멈춘 듯한 공기와
가게 안에 감도는 묘한 안정감이 좋아서
이대로 조금 기다려도 괜찮을 것 같았습니다.
(곧 화들짝 놀라며 깨셨지만!)

시간이 멈춘 듯한 순간에는 모든 걱정도 멈춰버립니다.

당신에게 그런 순간은 언제인가요?

> 예시
>
> - 사랑하는 사람이 나를 지그시 바라볼 때
> - 누군가 멀리서 내 이름을 부를 때
> - 길게 펼쳐진 해변가에서 하늘을 물들이는 노을을 바라볼 때
> - 칠흑같이 어두운 밤하늘 속에서 빛나고 있는 별들을 볼 때
> - 오래된 고택 사이의 골목길을 걸을 때
> - 숲속 벤치에 앉아 사방의 흔들리는 나무들을 바라볼 때

강아지 코 고는 소리

새하얀 몰티즈[1]
베개에 이불까지 덮고
코를 골아요.

그러다 잠에서 깨면
코를 씰룩거리며
조금 더 자야 한다는 그 표정

귀여우면서도
이것이 사람인지 강아지인지
어이가 없어
결국 웃음이 터집니다.

심장이 콩콩거리는 게
오늘 밤은 무조건
행복한 꿈입니다.

1   50만 유튜버 '재롱잔치'에 등장하는 강아지 '백재롱'을 참고하였습니다.

귀여운 강아지 이름을 구경하세요!

- 재롱이, 담비, 만두, 통마늘, 뽀송이, 우유, 복실이, 댕댕이, 곰돌이, 모찌, 망고, 초코, 심바, 밤톨, 후추, 짱구, 단추

사랑스러운 강아지의 특징입니다.

- 간식을 준다고 하면 깡충깡충 뛰어요.
- 겨울이 되면 이불에서 안 나와요. 잠꼬대를 할 때도 있어요.
- 똥 싸는 소리도 귀엽습니다.
- 다가가면 도망가고, 안 찾으면 와서 코로 툭툭 건드려요.
- 먹을 것만 보면 두 손 모으고 앉아 눈을 동그랗게 뜨고 올려다봅니다.
- 강아지가 품에 쏙 들어오면 세상 다 가진 기분이에요.
- 관심 있는 소리를 듣거나 신기한 광경을 보면 갸우뚱해요.
- 아침엔 주인에게 뽀뽀로 모닝콜을 해줘요.
- 강아지가 조는 모습을 볼 때면 저절로 마음이 부드러워집니다.

금요일 밤은 카페에서

언제부터인가
금요일 퇴근 후면
간단히 혼밥을 하고
카페에 갑니다.

한 손에는 재미있는 책
다른 손에는 따뜻한 라테
눈앞에는 당근 케이크 한 조각
그럼 두세 시간쯤 금세 보낼 수 있어요.

집에 있으면 해야 할 일들이 보이지만
카페에 있으면 하고 싶은 일들이 보여요.
멍하니 있기도 하고
음악도 듣고
시간에 쫓기지 않고 시간과 함께해요.

카페를 나올 때면
내 영혼이 충만해져 있음을 느껴요.
집으로 향하는 발걸음도 가벼워요.

오늘 밤
나를 기다리는 가족들에게 더 잘해 줄 수 있을 것 같아요.

당신이 편안하게 즐기는 혼밥 메뉴는 무엇인가요?

예시

- 매콤한 떡볶이랑 김밥에 순대
- 바삭한 튀김이랑 라볶이
- 따끈한 잔치국수에 주먹밥
- 육즙 가득 햄버거에 감자튀김
- 시원한 라면에 만두
- 고소한 텐동에 맥주

일주일 중 당신이 충전되는 요일과 장소가 있나요?

요일: 장소:

한줄기 소나기가 내리고

먹구름이 가득해지더니
번개가 내리치길 여러 번

이윽고 쏟아지는 소나기에
일순간 모든 것이 멈추었습니다.
거센 빗소리 외에 아무것도 들리지 않았습니다.

하던 일을 멈추고
비 내리는 거리를 바라보았습니다.

일직선으로 곧게 낙하하는 소나기는
복잡함이 없었습니다.
솔직하고 단순하게
대지를 적시고 있었습니다.

쏟아붓는 빗줄기를 보며
후련하다는 생각이 든 이유는 무엇이었을까요?

마음속 먼지가 씻겨져 나가는 기분이었던 걸까요?
내 안의 상처를 토닥토닥 두드려주는 기분이었던 걸까요?

비가 그치자 공기가 맑아지고
어느새 나타난 여름 매미가 신나게 울어대기 시작했습니다.
깊어져 있던 생각이 한순간에 흩어집니다.

소나기 덕에 마음속 공간이 생기고
매미 소리 덕에 현실로 돌아왔으니
잘 된 셈입니다.

비 오는 날의 좋은 점은 무엇일까요?

- 한산한 거리에서 여유롭게 시간을 보낼 수 있어요.
- 빗소리가 스트레스를 해소하고 마음을 안정시킨다는 연구 결과가 있어요.
- 비가 내리면 공기가 깨끗해져요.
- 방충망이나 창틀을 청소하기 좋아요.
- 비 내리는 풍경을 멍하니 바라보며 차와 쿠키를 먹으면 힐링이 돼요.

혼자만의 시간

늦은 밤
혼자 마시는 맥주 한 캔에
숨길이 시원하게 트입니다.

혼자만의 시간이 찾아오면 하고 싶은 것들을 적어 둔 적이 있어요.
혼자 스시 먹기
혼자 서점 가기
혼자 쇼핑하기
혼자 노래방 가기
혼자 커피 마시기
혼자 드라이브하기

가끔은 혼자가 더 편하고 좋아요.
다른 사람과의 시간이 중요하듯
나와의 시간도 중요한 것 같아요.

쉬어가면 여유가 생기고
여유가 있으면 애정이 회복되고

애정이 살아나면
모든 것이 사랑스러워 보여요.

혼자만의 시간이 생긴다면 무엇을 하고 싶나요?

그 일은 당신을 행복하게 만드나요?

가끔은 고독이 필요한 이유예요.

- 혼자 있어야만 회복되는 에너지가 있어요.
- 내 마음을 들여다볼 수 있어요.
- 마음이 평화로워져요.
- 타인과의 관계에서 벗어나 주체적으로 행동할 수 있어요.
- 고요함 속에서 새로운 아이디어가 떠오르기도 해요.

찹쌀 꽈배기

바스락바스락
비닐봉지를 열어보니

길 가다 사 왔다는
찹쌀 꽈배기 두 개

입안을 오물오물 움직이며
쫄깃한 식감을 느껴봅니다.

도도독- 도도독- 사각사각

입안에서 설탕이 배꼽 잡고 굴러가는 소리
귀가 달달해지는 소리

시원한 바닐라 라테 하나 더해 볼까요?
얼음을 듬뿍 넣고 우유도 가득 넣으니 완벽해졌습니다.

맛있는 거 옆에 또 맛있는 거
단 거 옆에 또 단 거

누가 뭐래도
지금 이 순간은 행복입니다.

잘 어울리는 짝꿍 간식으로 달콤한 시간을 만들어 보세요.
당신이 특별히 좋아하는 간식을 적어 보는 것도 좋아요.

예시

- 추로스와 아이스 아메리카노
- 약과랑 바닐라 아이스크림
- 호두과자에 와인
- 커피랑 도넛
- 우유에 델리만쥬
- 알감자 버터구이에 맥주
- 육포에 막걸리
- 떡이랑 식혜
- 수정과에 곶감 말이
- 마요네즈에 맥반석 오징어

좋아하는 소리

이른 아침 도마 위의 칼질 소리는
세상 맛있는 소리

천천히 신문 넘기는 소리는
세상 마음 편해지는 소리

바삭한 핫도그 한 입 깨물 때
와사삭 빵 부서지는 소리는
세상 즐거운 소리

낮잠이 든 아이가 잠꼬대하며
옹알거리는 소리는
세상 사랑스러운 소리

뜨거운 여름날 위이잉, 하고 돌아가는 선풍기 소리는
세상 고마운 소리

수북이 쌓인 가을 낙엽 밟을 때
바스락거리는 소리는

세상 재미있는 소리

함박눈 쌓인 거리에 뽀드득, 하고
발자국 남기는 소리는
세상 설레는 소리

여러분이 좋아하는 소리는 무엇인가요?
좋아하는 소리를 떠올리는 것만으로도 편안함을 느끼고 피로를 덜 수 있어요.

매일매일 나답게 행복하기

- 문구를 따라 쓰며 행복한 하루 되세요.

| | 매 | 일 | 매 | 일 | | 나 | 답 |
| 게 | | 행 | 복 | 하 | 기 | | |

Part 3

✦

가을만의
행복이 있어요

내려놓으면 된다

구태여 네 마음을 괴롭히지 말거라

부는 바람이 예뻐

그 눈부심에 웃던 네가 아니었니

받아들이면 된다

지는 해를 깨우려 노력하지 말거라

너는 달빛에 더 아름답다

서혜진, 「너에게」

가을의 시작

한낮의 뜨거운 볕 아래
벼 이삭이 쑥쑥 자라나고
열매가 주렁주렁 열립니다.
길가에는 들꽃이 살랑거려요.

해가 저물 무렵이 되자
여름이 조금씩 물러나며
매미 소리가 멀어집니다.

아, 드디어
견디기 힘들었던 더위가 지나갑니다.

깊어가는 가을밤
풀벌레가 찌르르 우는 소리
가을이 오는 소리입니다.

마음이 편안해지며
한숨 푹 자기 좋은 밤이 되었습니다.

굿 밤입니다.

오늘도 참 괜찮은 하루였어

가을이 오면 하고 싶은 일은 무엇인가요?

예시

- 단풍으로 물든 풍경 바라보기
- 거리에 흐르는 감성 젖은 음악 듣기
- 황금빛 은행나무 길 걷기
- 대하랑 전어 구워 먹기
- 메리골드* 꽃다발 선물하기
- 시원한 바람 맞으며 자전거 타기

* 꽃말: 반드시 오고야 말 행복

자전거 타기

자전거를 타기 좋은 날이었어요.

온도는 적당하고
햇살은 따사로웠어요.

공기를 가르고 달려나갈 때마다
시원한 바람이 품속으로 들어와
청량하고 또 자유로웠어요.

시원한 내리막길도 좋고
뜨거운 오르막길도 좋아요.

가다가 지쳐서
아래를 바라보면
든든한 땅이 지탱해주고

위를 바라보면
다정한 하늘이
예쁜 내 새끼, 하고 품어주니

편안한 마음이 들어요.

집에 가는 길에 예쁜 들꽃을 마주쳤어요.
나는 지금 행복하다고 말해줬어요.

우리나라의 아름다운 자전거 길이에요.

- 한강 자전거길
- 춘천 하늘자전거길
- 새재 자전거길
- 우포늪 생태 자전거길
- 향수 100리 자전거길
- 북한강 자전거길
- 서산 천수만 자전거길
- 시흥 그린웨이 자전거길
- 광양 섬진강 자전거길
- 강릉 경포호 자전거길
- 영주시 자전거길

당신이 좋아하는 (   )을/를 타고 달릴 때 느껴지는 기분을 상상해보세요. 어떤 기분이 드나요?

따뜻한 말 한마디

나를 걱정해주는 한마디
내 기운을 북돋워 주는 한마디
나를 알아주는 그 한마디

결국은 따뜻한 말 한마디

밥 먹었어?
하루 잘 보냈니?
무슨 일 있었어?
그렇게 걱정할 일은 아닌 것 같은데
어이쿠, 수고했어
아침 일찍 나오느라 고생했지?

나를 살리는 말
그래도 한 명쯤은 내 편이라는 걸 알려주는 말

나도 누군가에게
36.5도쯤 되는 온기가 담긴
따뜻한 한마디 전하는 사람이길 바라요.

별일 없었어요?
다행이에요.
고마워요.

데일 카네기는 말 한마디로 이 세상을 더욱 행복하게 만들 수 있다고 했어요.

"여러분은 여러분의 힘으로 이 세상의 행복 총량을 쉽게 증가시킬 수 있어요. 방법은 간단합니다. 바로 외롭고 절망에 빠진 사람들에게 그들의 가치를 인정해주는 몇 마디의 말을 진지하게 건네는 것이죠. 비록 여러분은 오늘 했던 그 친절한 말을 내일이면 잊어버릴지라도 말이에요. 친절한 말을 들은 사람은 평생을 간직하게 됩니다."

누군가에게 따뜻한 말 한마디를 해 보세요.

나는 오늘 _____ 에게 _____ 라고
따뜻한 말을 건네겠습니다.

향긋한 비누에 손 씻기

잠들기 전

졸졸 흐르는 따뜻한 물에
부드러운 비누를 녹여
손을 씻어요.

포근한 향과
풍성하고 미끌미끌한 거품
따뜻한 온도
하루의 긴장이 개운하게 씻겨져 가요.

바싹 마른 수건에 물기를 닦아내면
나만의 소박한 의식이 끝나고
고단했던 내 하루는 한결 가벼워져 있어요.

베개에 머리를 대고
두 손을 모은 채 웅크리면
달콤한 잔향이 오래도록 내 곁에 머물러 있어요.
기분 좋은 밤이 내 곁에 있어요.

잠들기 전 당신을 편안하게 하는 의식이 있나요?

(예: 오이 비누에 손 씻기 등)

서점 1: 뜻밖의 안식처

골목을 지나니 뜻밖에도 서점이 있었어요.
커다란 창문 너머로
정갈하게 정리된 서재와 아기자기한 장식들이 보였어요.

홀린 듯 다가가 문을 여니
완전히 다른 세상이에요.

안온하고 따뜻한 공기
조용한 발소리와 말소리
잔잔하고 감성적인 음악

사방의 책더미 속으로 들어가
흥미로워 보이는 책 몇 권을 골라
펼쳤다, 음미하다, 감격하다

점점 안도감이 들면서
나를 괴롭히던 생각들은 옅어지고
희망과 용기가 생기면서
내 영혼이 회복되는 것이 느껴졌어요.

다시 새살이 돋아나는 것이 분명했어요.

당신만의 안식처는 어디인가요?
그 장소에 가면 어떤 감정이 느껴지나요?

당신의 안식처는 따뜻한 햇살 아래 벤치일 수도 있고, 집안의 조용한 욕조일 수도 있고, 그 또는 그녀의 다정한 미소와 목소리일지도 모르겠네요. 어디에서든 당신이 편안하길 바랍니다.

낮잠을 자요

집밥을 든든하게 먹으니
잠이 쏟아져

가장 좋아하는
푹신한 이불을 가져왔습니다.

소파에 비스듬히 기대어
아주 잠시
낮잠을 자볼까 합니다.

나른하고
편안하고
기분 좋은 느낌

주말 오후
아무도 나를 재촉하지 않는
느긋한 시간

별게 아니라
이런 게 행복이네요.

낮잠의 효과예요.

· 기분이 좋아진다.
· 스트레스를 날려버린다.
· 에너지가 회복된다.
· 심장질환 위험이 낮아질 수 있다.
· 정신이 초롱초롱해진다.
· 학습, 기억 능력을 향상시킨다.
· 몸매를 가꾸는 데 도움이 될 수 있다.
· 창의성이 좋아진다.
· 생산성이 좋아진다.
  (출처: 허프포스트, CNN 방송)

서점 2: 뜻밖의 친구들

어서 오세요!
친구들을 소개해 드릴게요.

주근깨는 싫지만
상상하는 건 좋아하는
빨강 머리 눈 맑은 소녀

뱀의 말을 할 줄 알고
용기가 가득한
흉터 있는 마법사 소년

정체를 알 수 없는 전설의 괴도와
진실은 하나라고 외치는 탐정

이들을 모두 만날 수 있는 곳은
바로 서점입니다.

당신을 지지하고 응원하는 몽상가
새로운 세상을 보여주는 소설가

마음에 활기를 불어 넣어주는 만화가
생각을 밝혀주는 시인
길을 이어주는 역사학자도 있어요.

서점은 누구와도 친구가 되어
수많은 지혜와 이야기를 만날 수 있는 세상이자
그들의 특별한 기억과 추억, 상상력을 접할 수 있는 공간이지만

북적이지 않고 평화로우며 질서정연합니다.
공간마다 설렘과 호기심, 낭만과 즐거움으로 가득합니다.

떠오르기만 해도 기분 좋아지는 추억의 동화가 있나요?

예시

- 빨간 머리 앤
- 해리포터 시리즈
- 명탐정 홈스
- 괴도 뤼팽
- 소공자
- 소공녀
- 허풍선이 남작의 모험
- 피터 팬
- 해저 2만리
- 눈의 여왕
- 오즈의 마법사
- 닐스의 신기한 모험
- 헨젤과 그레텔
- 행복한 왕자
- 신밧드의 모험
- 미녀와 야수
- 잠자는 숲속의 공주
- 크리스마스 캐럴
- 호두까기 인형
- 미운 아기 오리
- 어린 왕자
- 잭과 콩나무
- 아기 돼지 삼형제
- 브레멘 음악대
- 파랑새
- 걸리버 여행기
- 알라딘과 요술램프
- 알리바바와 40인의 도적
- 이상한 나라의 앨리스
- 장화 신은 고양이
- 백조의 호수

이른 새벽, 나만 아는 가을 풍경

쌀쌀한 가을 아침
이불 속에 있고 싶은 만큼 머물다가
마침내 몸을 일으켜

오슬오슬한 공기에 떨며
뜨끈한 물에 세수하니
온몸이 부르르, 거리다가 곧 편안해져요.

정신을 차린 후 거실로 나와
창문 밖 풍경을 바라봅니다.

아침 안개 사이로 드러난 알록달록한 단풍잎
여기저기 재잘거리는 새소리
어디선가 나타나 금세 사라지는 고양이
(저 고양이는 몇 시에 일어나는 걸까?)
낙엽을 쓸어 담는 경비 아저씨
깨어나는 동네 풍경
오늘 하루가 시작된다는 설렘

잔잔한 행복으로 가득한
기분 좋은 가을 아침이 시작되었습니다.

찬 바람이 불기 시작할 때 필요한 것을 떠올리며 당신의 몸과 마음이 따뜻해지는 기분을 느껴보세요.
(예: 카디건, 스카프, 스웨터, 두꺼운 양말, 다정한 음악 등)

마음을 감싸 주는 가을 감성의 노래 한 곡을 추천합니다.

· Sam Ock 〈Remember〉

- 이른 새벽의 가을 풍경을 알록달록한 가을의 색으로 물들여 보세요.

한 정거장 걷기

한 정거장을 미리 내려 걸었습니다.
조금 걷고 싶었습니다.

한 걸음 한 걸음 걸을 때마다
생각이 쏟아져나오면
그대로 흘려보내고

새로운 감정이 채워지면
그대로 담아두면서

힘들었던 시간은 지나간 풍경으로 떠나보내고
즐거웠던 순간은 가만히 들여다보았습니다.

그러기를 반복하니
무거운 마음이 어느새 가벼워져
걸음마다 해방감이 느껴지고
발끝마다 새로운 기운이 들어찼습니다.

자, 이제 되었습니다.
집으로 가보겠습니다.

생각이 많아질 때 정리하는 방법이 있나요?

어떤 방법이 당신의 마음을 가볍게 하는 데 도움이 되나요?

예시

- 친구와 수다 떨기
- 마인드맵으로 마음 들여다보고 단순화하기
- 혼자 산책하기
- 명상과 휴식을 하며 집중적으로 생각하기
- 생각이 많아진 분야의 책 읽기
- 전문가와 상담하며 새로운 시각 얻기

햇살 좋은 날 빨래 널기

햇살 좋은 날엔
빨래를 해요.

빨래통이 깨끗하게 비워지면
밀린 일을 끝낸 듯
후련한 기분이 들어 좋아요.

빨래가 다 되었다고
알람이 울리면
팔을 걷어붙이고
임무를 시작하는데

빨래를 탁탁 털어
더러운 것은 떨어뜨리고
구겨진 것은 펼쳐 놓다 보면
결국에는 깨끗한 것만 남아요.

빨래를 다 널고
거실 한가운데에 드러누우니

콧노래가 나오고
무념무상 평온한 상태

조금 전 널어둔 빨래 냄새가
바람을 타고 들어오네요.

코끝에 머무는 상쾌한 향
지그시 눈을 감고
평온한 일상을 느껴봅니다.

더 이상 부족한 것이 없어요.

빨래를 다 널고 난 후 가장 편한 자세로 당신이 좋아하는 향을 맡고 있다고 상상해보세요.

예시

- 화이트 머스크 향
- 백합 향
- 라벤더 향
- 숲속 정원 향
- 꽃다발 향

- 과일 향
- 복숭아 향
- 프리지어 향
- 라임 향
- 그린 플로럴 향

엄청나게 귀여운 동물 만나기

동물원이든
TV 동물농장이든
유튜브든
집 앞이든

그곳이 어디이든

순진무구한 눈동자의
엄청나게 귀여운 동물을 마주하면
괜스레 심장이 쿵쾅 쿵쾅거려요.

수족관에서 꼬물거리며 헤엄치는 작은 금붕어
엄마 캥거루의 주머니 속에 얌전히 앉아 있는 아기 캥거루
얼굴에 검댕을 묻히고 돌아다니는 복슬복슬 시골 강아지

보기만 해도 편안하고 사랑스러워요.
(귀여움이 세상을 구한다고 하는 말은 사실인 것 같아요)

당신에게 가장 사랑스러운 동물은 무엇인가요?

예시

- 미어캣
- 새끼 고슴도치
- 다람쥐
- 나무늘보
- 판다
- 새끼 돼지
- 사막여우 페넥
- 쿼카
- 흰돌고래 벨루가
- 북극곰
- 펭귄

우리가 동물 덕에 행복하듯
동물도 우리 덕에 행복해서
서로가 서로에게 행복이기를

초등학교 운동장에 가요

초등학교 운동장에서
보물찾기를 해요.

놀이터를 지나다
모래 위에 반짝이는 무언가
자세히 보니 100원짜리 동전이고요.

흙 속에 반쯤 파묻힌 것은
포켓몬 열쇠고리네요.

아이가 잃어버렸음 직한 보물을
모래 위에 슬며시 올려두며
곧 찾아내길 기대해봅니다.

운동장 옆 화단에는
아이들이 키우는
가지, 근대, 상추부터 땅콩까지 있어요.

고사리손으로 씨앗을 뿌리고
커다란 눈망울로 들여다볼 모습에
미소가 지어져요.

공터에는 자전거를 타고 달리는 소녀의 즐거움이 있고
골대 앞에는 축구를 즐기는 소년의 행복이
교문 앞에는 친구를 기다리는 꼬마의 설렘이 있어요.

이렇게 보물 같은 순간들을 찾아내면
자연히 기뻐져요.
마음이 따뜻해져요.

예전 초등학교 풍경이에요.
기억에 남는 특별한 장소나 물건, 기억이 있나요?

- 운동장, 축구 골대, 농구 골대, 미끄럼틀, 그네, 철봉, 정글짐, 화단, 모래, 붉은 벽돌, 커다란 시계, 조회대, 음수대, 달리기 트랙, 벤치, 나무 신발장, 교무실, 도서관, 체육관, 급식판, 우유 급식, 봄 소풍, 가을 운동회, 만국기, 칠판, 지우개, 분필, 지우개 털이, 시간표, 게시판, 장기자랑, 필통, 실내화 가방, 준비물 주머니, 공기놀이, 화장실 청소, 바닥 왁스 청소 등

작고 사랑스러운 오솔길

누군가 곱게 가꾸어놓은 오솔길
앙증맞고 단아하게 정돈되어 있어요.

누군가의 세심함과
누군가의 부지런함과
누군가의 배려로

내가 지금
이 작고 사랑스러운 길을 걸을 수 있음에

감사
또 감사합니다.

고마워요, 당신!

당신만이 아는 작고 사랑스러운 길이 있나요?
그 길을 걸을 때면 어떤 마음이 드나요?

- 나만의 장소:
....
- 그 길을 걸을 때면
....

우리나라의 예쁜 길이에요.
가보고 싶은 곳이 있다면 표시해 보세요.

- 서울 성북동 길상사길
- 서울 종로 북촌한옥마을길
- 경기 과천 서울대공원
- 경기 포천 한탄강 주상절리길
- 강원 삼척 맹방 벚꽃길
- 충북 괴산 산막이옛길
- 충남 부여 사비길
- 충남 태안 안면도 소나무길
- 전북 무주군 지전마을 돌담길
- 전남 담양 메타세콰이어길
- 경북 대구 근대 골목길
- 경북 안동 하회마을 만송정길

- 경남 하동 십리벚꽃길
- 경남 창선 · 삼천포대교길
- 제주 사려니숲길

친구와 티타임

편안한 허브 향, 진한 커피 향이
조금씩 번져갈 때

우리의 수다는 이미 한창입니다.

울퉁불퉁하고
못생긴 쿠키를 내놓아도

예쁘다고
세상 고마운 말해주는 친구들

마음 한구석이 행복하고
따뜻해집니다.

서로에게
웃음을 더해주고
슬픔은 덜어주면서

다시 한번 내일을 살아보자고 다짐할 수 있어
참 감사한 시간이었습니다.

친구들을 위해 준비할 수 있는 간단한 식사와 후식이에요.

정말 쉬운 샌드위치

1. 샌드위치 빵 위에 얇게 썬 오이, 토마토를 올려요.
2. 그 위에 구운 고기류와 치즈 한 장을 올려요.
3. 마지막으로 땅콩버터나 딸기잼을 발라줘요.
4. 맨 위에 빵을 올리면 완성이에요.

맛있는 우유 팥빙수

1. 우유를 약 4시간 동안 얼려요.
2. 얼린 우유를 믹서기에 갈아요.
3. 그 위에 팥을 올려 먹으면 꿀맛이에요.

우연히 마주친 음악

우연히 마주친 음악으로
내 세상의 장르가 바뀌는
꽤 멋진 경험을 할 때가 있습니다.

사는 게 힘들다가도
마음을 가득 채워 주는 음악을 만나면
단숨에 홀가분해지기도 하고

사람 사는 곳에서 만나는 파도에
불안하고 허무해질 때
잠시나마 숨 돌릴 수 있는 위로를 얻기도 하고

꿈쩍하지 않던 겨울밤 같은 어둠이
파스텔 톤으로 밝아지기도 하고

빠르게 지나가던 오늘 하루가
평온하고 느릿하게 바뀌기도 합니다.

마음이 허기질 때

온기를 채워 주는 음악이
나는 참 좋습니다.

힘들면 쉬어 가라고
울고 싶을 땐 울라고
음악이 걸어주는 말소리가 참 고맙습니다.

장르를 바꿔주는 음악 리스트예요.

꿈결을 걷는 듯한 낭만 재즈 연주

· 유튜버 Loo Piano ★추천

복잡한 생각을 날려주는 음악

· Vividry 〈A Million Signs〉, Sabrina Carpenter 〈Manchild〉

어깨를 흔들게 하는 리듬

· R.A.D. 〈I Wanna Go Down〉, Jacob Collier 〈Under the Sea〉

마음에 평화를 주는 멜로디

· 루시드 폴 〈물이 되는 꿈〉, Sam Ock 〈Keep Me Warm〉

"괜찮아, 나가보자!" 하고 말 걸어주는 노래

· Jesse Lawrence 〈Feeling Free〉

잔잔하고 사랑스러운 음색

· Eloise 〈Trick of the Moon〉

메마른 가슴에 따스한 위로가 되는 곡

· Bruch 〈Romance F major op.85〉, Stevie Wonder 〈Overjoyed〉

상쾌한 가을 아침 분위기의 음악

· Riverside 〈Landry Hand〉, Mattew Ifield 〈Oh Baby!〉

가을밤, 아늑하고 평화로운

가을밤
차분하고 고요한 공기가
아늑하고
평화롭습니다.

조금은 내려놓고
긴장을 풀어도 될 것 같은 기분

꾸벅꾸벅 졸다가
겨우 일어나 양치를 하고
이불 속으로 들어갑니다.

멀리서 들리는 귀뚜라미 소리
모든 것이 어둠에 스며들고
가을의 소리만 남은 밤

하루 종일 분주했던 마음이
서서히 잠잠해지고
잠이 솔솔 옵니다.

편안한 밤 보내고
아침에 기분 좋게 만나요.

평소와 달리 시끄러운 오토바이 소리, 자동차 경적은 온데간데없이 사라지고 계절의 소리만 남는 밤이 있어요. 당신이 가장 좋아하는 계절의 소리는 무엇인가요?

(예: 가을밤 귀뚜라미 소리 등)

꾸준히 나만의 행복 발견하기

- 문구를 따라 쓰며 행복한 하루 되세요.

	꾸	준	히		나	만	의
행	복		발	견	하	기	

Part 4

겨울에는 언제나 행복해요

행복이나 불행은
자신이 처한 상황을 어떻게 받아들이며,
현재 가진 것에 얼마나 만족하며
감사하는가에 달려 있다.

장재형, 『마흔에 읽는 니체』 중

겨울밤엔 이불 속으로

겨울밤에는
두툼하고 폭신한
이불 속으로 들어가요.

긴장이 스르륵 풀리고
몸에는 온기가 감돌아
어쩌면
코를 골지도 몰라요.

만약 잠이 오지 않는다면
커다란 이불을 덮고
재미있는 영화 한 편이나
추리소설 한 권 보다가
좋아하는 노래를 들으며
달콤한 아이스크림을 먹어요.

겨울밤 이불 속은
최고의 안식처예요.

끝도 없이 긴 겨울밤이 주어진다면 해 보고 싶은 일이 있나요?
당신을 편안하고 따뜻하게 해주는 일을 찾아보세요.

오늘도 참 괜찮은 하루였어

겨울밤을 나는 지혜
북극은 이글루
일본은 코다츠
한국은 온돌
나는 이불 속

해가 지면

해가 지는 순간의 고요함이 좋습니다.
하루의 분주함이 차분하게 가라앉고
휴식과 평온함이 찾아오기 때문입니다.

길가의 가로등이 하나둘 켜지고
집집마다 불빛이 들어찰 때
나는 구원받는 기분이 듭니다.

그 불빛은
자신을 찾아오라고
길을 잃지 말라고
속삭이는 등대 같아요.

어느새 하늘은
짙은 남색으로 옷을 갈아입고
어두운 그림자는 길가에 스며들었습니다.

암흑이 밀려오는 순간에도
내가 온기를 잃지 않는 것은

돌아갈 곳이 있기 때문입니다.
나를 기다리는 사람들
따뜻한 밥 한 끼 함께 먹을 사람들이 있기 때문입니다.

노을 아래, 함께 서 있고 싶은 사람이 있나요? 그 사람과 함께 노을을 바라보는 장면을 떠올리면 어떤 감정이 드는지 느껴보세요.

🌿

멋진 노을을 볼 수 있는 명소예요.

- 경복궁, 창경궁(서울 종로구)
- 고석정 꽃밭(강원 철원군)
- 탄도항 바닷길(경기 안산시)
- 코난 해변(제주 제주시)

버릴 것은 버리기

가득 찬 쓰레기봉투를 버려요.
잘해야 한다는 욕심을 버려요.
나 혼자 불행하다는 셀프 연민을 버려요.
나만 할 수 있다는 오만을 버려요.
마음에 들지 않는 사람 골려주고 싶다는 심술을 버려요.

버리기를 한다고
생각보다 크게 곤란을 겪을 일은 없어요.

오히려 후련해지고
자유로워지고
상쾌해집니다.

그러니 버릴 것은 버려요.
버리는 만큼 우리의 세계가
평화로워질 거예요.

버리고 싶은데 미루었던 것이 있다면 목록을 만들고 정리해 보세요.

순서	버리기 목록	완료 여부
		☐
		☐
		☐
		☐
		☐

무언가 채우고 싶은 것이 있나요? 자유롭게 적어 보세요.

> **예시**
>
> - 흙이 마른 화분에 물 채우기
> - 내가 가진 것에 감사한 마음 채우기
> - 행복한 생각에 집중하는 힘 채우기
> - 나만큼 다른 사람도 소중하다는 생각 채우기
> - 좋은 취향과 감각으로 집안에 온기 채우기
> - 서재에 명작 도서 채우기

첫눈 매직

모두가
첫눈을 기다려요.

누군가는
낭만의 마음으로
누군가는
그리운 마음으로

첫눈이 오기 시작하면
내가 알던 세상은 사라지고
동화 속 페이지가 펼쳐진 것 같은 순백의 세계가 나타나요.
나무마다 하얀 눈꽃이 피어나고
광활한 산과 땅은 설탕 케이크로 변신합니다.

눈이 오기 전 품었던 마음은 - 기쁨이든 슬픔이든 -
모두 잠시 모습을 감추고
하얀 눈송이가 떨어진 길 위에서
소복소복 소리 내어 걷다 보면
나는 어린 시절의 내가 되어 있습니다.

그럼 자연히
순수하고 기뻐하는 마음으로
무엇이든 즐거워지고
무엇이든 해 보고 싶어져요.

첫눈 매직이에요.

눈이 펑펑 쏟아지는 날, 하고 싶은 일이 있나요?

(예: 따뜻한 코코아 마시기 등)

눈사람을 만들며 즐거워하던 기억이 있나요?

눈사람을 자유롭게 꾸미며 그날의 기분을 떠올려보세요.

큰 걱정 없는 날

걱정 없는 날은 없지만
오늘은
큰 걱정 없는 날

사소한 고민거리는 일상의 한 부분으로 받아들이고
시간에 맡기기로 하였습니다.

무탈한 일상
별일 없는 지루한 일상
큰 걱정 없이 푹 잘 수 있는 밤
이 모든 날이 좋은 날들이었습니다.

행복한 날들이었습니다.

지나고 보니 별일 아니었던 일들이 있나요?

달리다 보면

달리고 달리다 보면

숨이 차오르는 순간
잡생각이 사라지면서
꽉 찬 감정이 비워지고
정리가 돼요.

그럼
한번 해 볼까,
그럴 수 있지, 하고

부정적인 감정은 줄어들면서
긍정적인 감정은 커지고
행복은 두 배가 된 것 같은 기분이 듭니다.

내게 가장 편한 속도로
시간이나 장소를 정하지 않고
나의 하루를 달리기로 열어보면 어떨까요?

한껏 달리고 나면 무엇이든 좋게 보이고
무엇보다 기분이 좋아집니다.

달리기의 효과예요.

- 심장 근육, 골밀도 강화
- 체중 관리
- 스트레스 호르몬 감소
- 행복 호르몬 증가
- 집중력, 기억력, 학습 능력 향상
- 더 깊고 편안한 수면

추운 겨울, 붕어빵

비가 오고 부쩍 추워진 겨울밤, 쓸쓸한 거리
저기 저쪽
알록달록한 천막 두르고
불 밝힌 붕어빵 가게가 있어요.

차례를 기다리며
머리부터 먹을지, 꼬리부터 먹을지
잠시 고민을 하다가
입안에 침이 잔뜩 고였을 때 받아든
노릇노릇한 붕어빵
먹기도 전에
배부른 기분이에요.

한 입 베어 물었을 때
바사삭거리는 소리에
뜨거운 김과 달달한 앙꼬가 흘러나와
후후 불며 오물거렸어요.

어릴 때 먹던 맛이랑 똑같아
그때의 행복도 되살아나는 것 같아요.
순식간에 기분이 좋아지는 게
꼭 마법 같아요.

팥붕 하나, 슈붕 하나
모두 합쳐 천 원이니
천 원의 행복이네요.

겨울에 먹기 좋은 간식이에요. 좋아하는 간식이 있다면 적어주세요.
(예: 군고구마, 군밤, 호떡, 공갈빵, 델리만쥬, 호두과자, 땅콩과자, 호빵, 붕어빵, 계란빵, 찐빵, 감자튀김, 고구마 맛탕, 와플, 새콤한 귤, 추로스, 만두, 오뎅, 어묵꼬치 등)

명상으로 편안함에 이르기

새 지저귀는 소리
두런두런 사람들 말소리
불경 외는 소리를 들으며

향냄새
바람 냄새
나무 냄새를 맡다가

명상 시간이 되어
문을 닫고 자리에 앉았습니다.

명상 선생님의 설명에 따라
편히 앉아 손을 내려놓고
눈을 감았습니다.

숨을 크게 들이마시는 것에 집중합니다.
그리고
천천히 숨을 내쉬는 것에 집중합니다.
오래도록 길게 내쉬었습니다.

다시 들이마시고
내쉬고

오로지 내 호흡에만 집중합니다.
그 상태로 얼마간 지나면
자리에 누워 내 몸이 휴식을 취하도록 해줍니다.

옆에서 들려오는 코 고는 소리
이미 편안함에 이르신 분입니다.

어떤 소리가 들려도 집중해서 호흡하는 것이
높은 명상의 단계라고 하니
나는 아직 그 경지에 도달하려면 멀었습니다.

번잡한 생각을 버리고
내가 우주 속에 있다고 상상해 봅니다.
까만 하늘 속에 별사탕이 콕콕 찍혀 있는 우주

그러한 우주를 상상하며
나는 나에게 가까워지고
주변의 것들에게서 멀어지니

무수한 생각이 일시에 멈추고
나를 붙잡고 있던 것들로부터 해방되는 기분이 들었습니다.

값진 시간이었습니다.

템플스테이로 유명한 곳이에요.

- 서울 화계사
- 양평 용문사
- 분당 대광사
- 강원 현덕사, 낙산사
- 충북 법주사, 용화사
- 경북 도계사

템플스테이에서 어떤 경험을 해 보고 싶나요?
(예: 요가, 숲 산책, 사찰 음식 체험 등)

소중하다는 것을 알려주기

소중한 당신에게
내가 할 수 있는 건

사랑한다는 진심의 말 한마디
함께 가자고 내미는 손
고맙다는 인사

가슴 떨리는 그 순간에
상냥한 미소로 답하는 당신의 모습은

오히려
내 마음을 사르르 녹이고 말았습니다.
달콤한 기쁨이 차올랐습니다.
(으악 행복해)

당신의 소중한 사람에게 쑥스러워서 하지 못한 말이 있다면
이곳에 적어 보세요.

'소중하다'의 유의어
귀중하다, 귀하다, 값지다, 끔찍같다, 보배롭다, 긴하다.

튀김 먹기

신발도 튀기면 맛있다는데

마시멜로
쫀드기
감자
연근
새우
치즈
오징어
닭고기
가지
고구마
바나나를

튀기면 얼마나 맛있을까요?

튀김을 입에 넣는 순간
튀김 옷이 와사삭 부서지면서 고소한 맛이 나요.
씹는 재미도 있지만 갓 튀겼다면 뜨거우니 조심히 먹어야 해요.

매콤한 양념이나 달큰한 간장에 찍으면
먹기도 전에 군침이 돌지요.

신선한 새우, 버섯, 고구마, 인삼, 연근 튀김은
의외로 면역력을 높이는 데 도움이 된다고 하니
이보다 더 좋을 수 없는
최고의 음식입니다.

(아무리 그래도 적당히 먹어야겠죠?)

튀김이랑 잘 어울리는 음식이에요.
- 맥주, 치킨, 떡볶이, 떡국, 냉모밀, 수프, 샐러드, 스튜, 카레, 등갈비찜, 햄버거

당신의 스트레스를 단번에 날려주는 음식은 무엇인가요?

크리스마스 파티

자, 파티 준비를 시작하겠습니다.

우선 캐럴을 틀어놓을게요.
텔레비전 화면에는 영화 〈나 홀로 집에〉를 띄워 놓고요.
일찍 도착한 친구와는 부엌에서 크리스마스 요리를 만듭니다.
지글지글, 치익, 보글보글, 탁탁
맛있는 소리와 달리 부엌에서는 지지고 볶고 끓이느라 정신이 없네요.

부엌이 난장판으로 변해갈 때쯤
친구들이 하나씩 초인종을 누릅니다.
모두 양손 가득 케이크, 와인, 과일을 사 왔습니다.
요리가 망했어도 굶을 일은 없으니 다행입니다.

작고 둥근 탁자 주위에 둘러앉아
와글와글 시끌벅적하게 떠드는 사이
접시는 금세 비워지고
이제 케이크를 꺼내 소원을 비는 시간입니다.

어두운 기억은 잠시 옆으로 밀쳐 놓고
밝고 기쁜 일만 상상하기로 합니다.

노래와 음식, 친구들 그리고 나 자신과 함께하는
소박하지만 소중한 시간
우리 모두의 앞길에 행운과 행복이 눈처럼 쌓이길 바랐습니다.

누구보다 소중한 나 자신을 위한 특별한 크리스마스 일정을 계획해 보세요.

아무것도 하기 싫다면 오디오북

일요일 아침
하늘이 흐리고
공기가 차갑습니다.

움직여야 하는데
뭔가 해야 할 것 같은데
아무것도 하기 싫을 때

핸드폰을 켜고
오디오북을 틀어봅니다.

마치 누군가가 옆에서 말을 건네는 것처럼
따뜻하고 매력적인 목소리
다정하게 위로하는 말투
친구와 대화하듯 편안한 이야기가 흘러나옵니다.

그 안에는
무엇이든 해보고 싶게 하는 희망과
우주의 먼지처럼 작은 나의 존재를 일깨워주는 좋은 배움

그리고 더 마음을 열고 더 기쁘게 살아가도록 하는 따뜻한 격려가 있습니다.

자리에서 기지개를 한 번 켜고 일어나
내가 할 수 있는 일을 찾아봅니다.
새로운 마음으로 하루를 시작해봅니다.

추천 오디오북이에요.

- 사랑과 유머가 필요하신 분: 최준의 『어? 오늘도 예쁘네?』
- 따끔한 조언이 필요하신 분: 『김미경의 마흔 수업』, 『법륜 스님의 행복』, 김창옥의 『유쾌한 소통의 법칙 67』
- 마음의 안정을 찾고 싶은 분: 『월든』, 『어린왕자』

※ 무료 오디오북은 오디언도서관 앱에서 이용할 수 있어요.

버스 타고 동네 한 바퀴

여유로운 시간에
넉넉한 좌석에서
기사님 취향의 팝송을 들으며
동네 한 바퀴 돌고 있어요.

창문으로 들어오는 눈부신 햇살
문틈 사이로 불어오는 부드러운 바람에
금세 기분이 상쾌해집니다.

버스가 시내로 들어서자
늘 다니는 익숙한 길과 정겨운 풍경이 보입니다.

시장에서 흥정하는 사람들은 진지하면서 유쾌하고요,
학교 앞에서 손잡고 걸어가는 꼬마 친구들은 사이가 좋아요.
강아지와 산책하는 할아버지는 굉장히 멋진 모자를 쓰셨네요.
조금 전에는 제가 좋아하는 빵집을 지났어요.
(내릴까 말까 잠시 고민했지요)
오래된 철물점과 그 옆의 화원에는 온갖 종류의 부품과 알록
달록한 화초들이 진열되어 있는데

아무리 눈을 크게 뜨고 보아도 다 볼 수 없을 만큼 많았답니다.

동네 한 바퀴 돌다 보면
평범한 일상이지만
그 속의 작은 활기에
왠지 마음이 즐거워져서 좋더라고요.
(돌아가서 빵을 사니 더 즐거워졌답니다)

당신이 좋아하는 동네 명소는 어디인가요?

(예: 소금빵이 맛있는 빵집, 친절한 사장님이 계시는 화원, 미슐랭 파스타 가게 등)

주고받는 기쁨

가끔 누군가에게
선물을 해요.

선물은
받는 사람도 기쁘지만
주는 사람에게도 기쁨이 됩니다.

자취하는 후배에게 배달 음식 쿠폰을 보내거나
옆집 아주머니께 시골에서 올라온 사과를 나눠드리기도 하고
주말에 만날 친구에게 편지를 쓰거나
여행에서 돌아온 후 회사 동료에게 작고 귀여운 기념품을 선물하기도 합니다.

선물을 하고 나면 돌아오는 것은
후배의 감사하다는 환한 목소리
옆집 아주머니의 좋아하시는 모습
친구의 감격한 얼굴과 기쁨의 탄성
무엇보다 내 마음에 차오르는
작은 뿌듯함입니다.

선물을 전한 후 당신의 하루가 얼마나 특별해질지,
상대가 얼마나 행복해할지 상상해보세요.

_____ 에게 _____ 을 선물하면
무척이나 기뻐하겠지요.

내 기분도 _____ 거예요.

작은 여행을 떠나요

부릉부릉
03번 초록색 마을버스를 타고
모던한 그랜드 화이트 호텔에 갑니다.

야트막한 오르막길
영차영차 기어오르니

한눈에 들어오는
웅장한 호텔
위엄 있게 늘어선 겨울나무들

벨보이 따라 들어간 라운지에는
크리스마스 장식이 천장까지 닿아있고
어디선가
재즈 음악이 흘러나옵니다.

가볍고 발랄하게 두 팔을 흔들며 레스토랑에 도착하니
고급 메뉴가 준비되어 있네요.

따뜻한 접시 위로 오징어 잉크를 곁들인 새우 크래커, 염소 치
즈 누가와 레몬 절임, 로스트한 연어와 바닷가재, 조개 살사
수프, 한우 안심과 프로슈토 샬롯, 캐러멜 라이즈드 바나나와
패션 후룻 소르페 그리고 달큰한 와인

전부 다 해치우고 나오니
휘청거리는 게 달빛인지 나인지

기분 좋은 취기를 느끼며
조용히 돌담길을 걸었습니다.

반짝이는 남산 타워
요란한 서울 야경을 발밑에 두고
나는 집으로 가요.

꿈 같은 시간, 꿈 같은 장소
하룻밤의 사치
서울에서 떠나는 작은 여행

심장 뛰는 소리를 들어보니
아, 내가 기뻐하고 있구나!
알 수 있었습니다.

작은 사치를 경험해요. 평소 꿈꾸었던 특별한 장소에 어느 저녁, 잠시 쉬어가요.

- 나를 위한 예약 일정:	년	월	일
시간:	장소:
- 할 일:

한 해의 마무리는 공연장에서

한 해를 보내는 아쉬움이 들 때면 공연장에 갑니다.
감동과 즐거움이 있는 공연은
새로운 해를 맞이하는 힘을 주기 때문입니다.

어두컴컴한 공연장에
조명이 들어오고
화려하게 분장한 배우들이
무대 위에서 대사를 되뇌며
서서히 새로운 인물들로 변신합니다.

수백 명의 관객은 숨소리 하나 내지 않고
배우들의 연기에 완전히 몰입하여
열광적으로 박수를 치다가
먹먹한 마음에 눈물을 머금다가
우레와 같은 함성을 지릅니다.

좋은 공연을 보고 나면
짧은 시간에 인생 1회차를 살아낸 느낌을 받습니다.
삶을 다시 바라보게 됩니다.

나만의 좁고 작은 세계가 넓고 크게 확장되어 있습니다.
차오르는 만족감과 설렘은
마음 깊은 곳을 뜨겁게 만들어줍니다.

공연장을 나오니
무대의 열기와 여운에 겨울의 추위를 잠시 잊어버렸습니다.
울고 웃는 동안 가벼워진 마음과
새로운 에너지로 채워진 마음은
내일을, 새로운 해를 잘 살아내는 힘이 될 것입니다.

당신에게 좋은 추억이 되었던 공연이 있나요?
그날의 설레었던 마음과 공연장의 열기를 표현해 보세요.

지금 해야 하는 일을 하지 않아도 된다면

꽃에 물을 주고 싶어요.
동네 한 바퀴를 돌고 싶어요.
노래를 부르고 싶어요.
밀푀유를 해 먹고 싶어요.
느긋하게 빨래를 개고 싶어요.
치킨 한 마리에 영화를 보고 싶어요.
쏟아지는 잠을 이겨내지 않고 잠들고 싶어요.
친구와 함께 배드민턴을 치고 싶어요.
삼겹살을 사서 캠핑을 가고 싶어요.
햄버거 가게에서 치즈버거를 먹고 싶어요.
산 정상에 올라 야호, 하고 외치고 싶어요.
지금 바로 제주도 여행을 가고 싶어요.
친구에게 전화를 걸어 수다 떨고 싶어요.

지금 해야 하는 일을 하지 않아도 된다면
내가 좋아하는 일들을 하고 싶어요.
내가 좋아하는 것들로만 인생을 채운다면
얼마나 즐거울까요?

가끔은 다 내려놓고
하고 싶은 일들을 하나씩 해 보아요.
상상하는 것만으로도 좋지만
실제로 해 보면 얼마나 달콤할지요.
그래서 오늘은 휴가를 내버렸어요.

오늘, 무엇을 하면 내가 좋아할까요?

아름다운 것들 바라보기

저녁노을
떼를 지어 가는 아이들
끝없이 이어지는 에메랄드빛 바닷가
반짝이는 윤슬
다정히 손잡고 걸어가는 아버지와 아들
우주에서 찍은 지구의 모습
북극의 오로라
은백색의 겨울
봄밤의 화려한 벚꽃
가을 소풍 길의 단풍
발레리나의 우아한 몸짓
몸이 불편한 사람에게 자리를 양보하는 사람
책 속의 아름다운 문장
조화롭게 플레이팅된 음식
실내악단의 화음
자연의 색으로 가득한 그림

조화롭고 무해하며 아름다운 정경은
바라만 보아도 황홀하게 만들어요.

아름다운 것을 오래 바라보다 보면
바라보는 사람의 마음도 닮아갑니다.
감탄과 설렘, 경이로움과 기쁨으로 가득해집니다.

당신이 생각하는 아름다움은 무엇인가요?

'아름답다'의 사전적 의미
1. 모양이나 색깔, 소리 따위가 마음에 들어 만족스럽고 좋은 느낌
2. 하는 일이나 마음씨 따위가 훌륭하고 갸륵함
3. (영어) beautiful, gorgeous, lovely, pretty, picturesque

하루의 끝자락에 글쓰기

하루 일과를 마친 후
노곤한 몸을 이끌고 조용히 방에 들어가

좋아하는 재즈 음악을 틀어놓은 채
달콤한 케이크와 과일을 먹으며
쓰고 싶은 이야기를 흰 도화지에 썼어요.

텅 비어 있는 아이스 스케이트장을
나 혼자 누비는 기분이랄까요.

커다란 영화관에
내가 좋아하는 그 사람과 단둘이 있는 기분이랄까요.

하루 종일 주춤하고 낙담하며 절망에 빠져 있다가
나에게 집중하고
감정을 정리하니
서서히 개운해졌어요.

나는 다시 자유롭고 명랑해지며
마음에는 온기와 여유가 생겨났어요.

나를 위해 하고 싶은 글쓰기가 있나요?

> 예시
>
> - 일기 쓰기(일상 일기, 감사 일기, 여행 일기, 맛집 일기 등)
> - 좋은 책 구절, 노래 가사 따라 쓰기
> - 독후감 쓰기
> - 붓글씨, 캘리그래피 쓰기

어제보다 더 좋은 오늘

- 문구를 따라 쓰며 행복한 하루 되세요.

	어	제	보	다		더	
좋	은		오	늘			

에필로그

불행할 이유가 끝도 없이 많은 것처럼
행복할 이유도 끝도 없이 많더라고요.

가지지 못하면 불행
가진 걸 알아채면 행복

모든 게 생각하기 나름이라는 말처럼
세상 모든 일이 동전의 양면 같더라고요.

우리, 이왕이면 행복해지는 쪽을 선택해요.
그리고 행복한 일들을 찾아보아요.
온 세상에는 이미 행복이라는 보물이 가득해요.
발견하기만 하면 돼요.

- 김하얀